**dentro
do outro**

dentro do outro

Luisa Cretella Micheletti

1ª edição - São Paulo, 2020
ISBN 978-85-92875-71-8

LARANJA ● ORIGINAL

De onde vem este sopro que me anima
A olhar as coisas com o olhar que as cria?
HILDA HILST

Will the shadows hide the colors of my heart?
ROD STEWART

Há um limiar onde a prosa não se lança
Desencantadas descrições tantas
Como trânsito nas fendas
Que só a poesia alcança
Em seguida um buraco
Fundo, estreito azul
Poesia já não cabe
Tombam para trás
Cascas pelo chão
Versos podados
Resta a oração
E outro então
Ainda menor
Onde nem
A ideia
Traça
Tudo
Min
gua
E p
assa
e tu
do
e
n
a
d
a
são

um convite à espreita
sino morte-vida
talhado em pedra padrão

e se dois pássaros
se chocam brancos
no Cabo da Boa Esperança?

será que se fundem
suspensas margens
ou se quebram nos bicos dos mares?

nortes imaginários migram
inseparáveis
como um oceano
e outro

Pacífico sim
Cada cinismo é um peixe
As águas tão rasas

~

vejo um porto e um homem
um dentro do outro
pulsa um relógio adiantando
a hora certa de outro lugar

versos de Ana Martins Marques
despem o futuro e eu
não sei cantar
na língua do aquário

ótica e mar sem forma
borram as páginas nuas
imensos, pouco a pouco
um dentro do outro

INSONETO

Pelas fendas do sono amargado
Me esquivei duma voz translúcida
Varada em lascas de vigília seca
Permeada: em nome de quem?

Fosse densa desgraçada luz
Fosse corpo uma mera passagem
Entre talhos do ego rachado
Descobertos o linho e as farsas

Gotas claras despencam da quebra
Fundas flores tão poucos os cactus
Espatifado este mundo é inteiro

Na mente o menor dos pedaços
Só o cheiro se vê, não um rosto
E a parte se faz num só todo

cheiro de quem não toca
o sol separado da flor
dentro de outro sol, insiste
no sangue
verte rasgo a língua parada
ventre de tinta
estranha
drena os mundos

por que mergulhar
se te faz pedra

de afetos pálidos
sobram as rugas

no canto da mente
dobrados verões

trilhas ao sul
apagarão teu nome

CORE

amanheceu um novo nome
frágil luz de má sorte

centelha vasta flor
gritam os botões nos campos

sem saber ao certo quantos
pressagiam um gêmeo Deus

cinza o anjo laminado
arranca o brilho dos verões

trocam morte, vida, morte
lascivos fundam os ciclos

penso
que vivo
em algo
que morre

a luz do céu brilha na terra

fiz enorme amiga
na cidade dos anjos
talhados ao sol

corre um parque com meu nome
no canal Alfonso XIII
folhas bordadas em água
o céu que Andaluzia encharca

fosse menos cadente o tronco
copa e água eram dois
não o céu, a raiz
eternamente regada

o vento mergulha no ouvido
escoei no abraço do chão
fronteira que diz:
alcança o céu com os pés na terra

achei que eras salva-vidas e afundei
cobiçosa, mas poesia
eras viva, eu
desova
perdão, poesia
versos me resolvem?

rasgam os tules
trazem presentes que não quero ver
são gatos que honram amigos
com mariposas
antes de nascer

debate azul vidrada apaspalhada

                                          na janela
                                          exausta

volta a ser lagarta

ao lado alguém abriu   mesmo com medo

ela não viu

                                          de borboleta

seria arremedo
carta XII ou mero esforço
apostólico da pele

a cruz sobre a graça
como vênus invertida
um sacrifício me convida

ofereço os pés ao céu
falsa imobilidade que pende
cabeça arrebata outros mundos

seria enxaqueca presságio
a gravidade do azul
que puxa os pés
arauto

diz um homem no deserto:
quem aceita, ilumina

antes do xixi
chá
antes do suicídio
Itacaré
antes do corte
o que não coube
antes do jamais
pandora morta
antes da glória
firmeza
antes do ovo
panetone
antes do tempo
explosão
antes da faísca
ideia
antes do conceito
silêncio
antes de alguém
todos
antes do amor
rascunho
antes do tesão
encarnação
antes da viagem
zíper
antes do gameta
proteína
antes do machado
a fêmea

( )

a mulher
(dizem)
veio do espaço
entre as costelas

o nada
(pasmem)
é completo

LLTH

os dias de outubro
de sol enterrado
devoram-me escusos
leão sem justiça

a força que rasga uma santa
outra carta despenca dos louros
entrecho, mentira
secura insanável
inflama a vidraça
das faces que visto

da moléstia sagrada instituo esta reza
espelho e jubas e deusas e putas
é na pior das casas que falece o que nasce
esperma dos mortos e brinde
ao vinhoto
adubam os brotos a cidra e a fumaça
bailam no enredo
das rosas da esquina

o metrô rasgou o quarto
linha verde
nos escombros de janeiro
demoliram, elásticos
o cão destroçado na caixa
o beta num azul incomparável

peças vão
desconectam trens e a cor
ferrugem revela em segundos
a memória
do carpete encardido

há anos não visito
meu cemitério de pôneis

ULHER DA MATA CAÇAMBA ARRASTA E DEIXA UM RASTRO
 HOMENS DENSOS QUE NÃO ENTENDERAM NADA E QUE
A ATÉ TENTOU MAS SE CANSOU E PORTANTO ZARPOU
MO A OUTRO SÉCULO QUE NÃO ERA AINDA ESTE E POR
O PRECISOU SENTAR E PENSAR OK VOU DEPILAR, ME
FAR & CALAR & MENSTRUAR, TALVEZ GOZAR, BAIXAR O
NTRA ESTÚPIDO DO DEBATE GUERRA ARGUMENTO CHATO
TUABA ERA O QUE MAIS PRECISAVA UMA RISADA BANHA
PALHADA E DAÍ? O UMBIGO FALA COMO UMA BOCA NO
IO DA DANÇA E ELA RI BABANDO ATÉ ÀS QUATRO E MEIA
 MANHÃ PASSARINHO CHORA AMANHECEU A CHAVE RODA
IZINHO JULGA A NOTÍCIA ALGUÉM PAGOU PRA DISTORCER
MAGEM NO ESPELHO SÓ DEVOLVE O QUE A GENTE ESTÁ
NSADA DE SABER ESTOURA A BOLHA, A ALÇA, A BOLSA, A
ERRA, O FURÚNCULO, A CAMISINHA, TE RECONHEÇO PRA
RALHO DE OUTROS E OUTROS CANAIS SE ALGUÉM FUÇASSE
 POCHETE ERA MANCHETE TÃO SEM NADA QUANTO TUDO
A MANDIOCA FRITA DE QUINTA A DOMINGO A ÚNICA
TINA QUE DAVA O RESTO VARIAVA DELIRAVA SUBLOCAVA
VA LIKE RECLAMAVA UM POUCO PORQUE NÉ TÁ PUXADO
A GERAL MAS DIZ QUE ANO QUE VEM VAI SER MAIS LEGAL
R OTIMISTA TERÇA E QUARTA MEDITAR SÁBADO O PASSE É
 DOMINGO PRA SEGUNDA DESCANSAR E CHECK E PENSAR
 QUE ISSO VAI DAR CHECK COMO SE ALGUÉM PUDESSE
PORTAR CHECK ASSIM VESTINDO TECIDOS E TRIPAS E
GÃOS E MÚSCULOS CINZENTOS QUE PODERIAM TER COR
SO TODO MUNDO JUNTO ACREDITASSE QUE SIM MAS A
NTE É FORTE DÁ PINOTE E ELA TENTA (MESMO?) MAS AINDA
UTA A CULPA PRO MUNDO UMA HOLOGRAFIA HIPER-
ALISTA QUE ESPIRALA POR AÍ RODANDO NO AZUL QUE SE
DAQUI MAS É QUE É TANTA COR NO NADA QUE SE DESSE
A VER NÃO TINHA nem poema PRA TENTAR APREENDER

I

                              N
T

      G

                                              R
              E   D

I
              A

                                      D

E

areia e eu
falso limite da pele
cavo-me em tudo

tem a ver com essa fobia de revolver
não querê-lo grudado no taco e nas telhas
mas adubo é certa vida pós-colheita

hoje sei, quem planta, vive
só não sei se ele sabe
que sombras têm raízes

adubei as coitadas ontem
pergunto se resistirão às negligências
presentes como as dúvidas
e raivas e rejeições
e explosões de amor

ele vai regar os vasos e dar conta de mim?
vou fazer uma afirmação, doutora
prefiro uma terceira pessoa
que uma segunda além de mim

menina do céu mataram
o anjo que atirava
e foi brutal
nem sangue saiu
em nome da ordem
enterraram na esquina
da antiga rua Purpurina
menina do céu
acorda
se veste que o mundo
é outro de novo
quatroze é quinze
dezesseis é dezoito

tudo é liso
patas folheiam
pessoas sem cheiro
baniram dos tigres
as montanhas
das velas
os bueiros

nada mais pode correr
sob a pele das telas
se cortaram das orelhas a loucura
a tinta é púrpura
me ajuda
a sanidade não tem cor

menina do céu remendaram
as falhas todas
luz não entra
nem ser feliz mais pode
se agendar com antecedência
sesmaria e consequência
simetria e coerência
esticaram os braços das marchas
marcharam

menina do céu
desce, me ajuda
chora baixo aqui ninguém
se molha ninguém
alcança ninguém
me ajuda
cavar túneis
criar abelhas
lá fora a noite desarma
menina do céu
desarma

chá de erva-doce com mel
trama de palha
uma mulher sem memória
no sanatório
                                        tece
                                        o que houve

era livro, contava
uma senhora
a autora
não ela

paira louco, perfura araucária
um casal de acrobatas pardais
prudente é a falsa lisura
lenta e branca acoberta plana
na tarde que venta e venta

algo há pouco soltou
velado desejo de não ser mais
era fruto, ninho, semente
cobra, mato ou apego com casca
imerso nas ondas da poça
afundou promovido a ninguém

cinco andorinhas tentam tijolos
e telhas e calhas vestidas de verde
os vidros negam
aos vivos tudo o que deles refletem
e versam aos pobres morcegos
da dureza da própria imagem

algo entre um porco e um marreco
avança mais forte que a noite
segue santo no lume do céu
arrasta os sentados em fila
de tão alto o estrondo tonteia
cigarras no coro de lamas
dia que finda e grita:
o esquecimento é ondulante

esfera eloquente
mas o traço da colina
é, porque desmente

dentro do índio
chinês
dentro do furacão
hidrelétrica
dentro do deserto
soberba
dentro da cura
visão
dentro do fogo
razão
dentro do esqueleto
calendário
dentro da data
lua
dentro de Maria
Eva
dentro de Lilith
lama
dentro do monge
pajé
dentro do padê
rapé
dentro de Urano
fogueira
dentro de Delfos
ansiedade
dentro da ciência
masmorra
dentro do invisível
espiral

ECLIPSE

quem virá sanar
a métrica da mentira
da matemática o romance
das águas a demasia

serão amantes
os astros em simetria
ou delatores
contra o ruído dos dias

me encolho tua
atrás do torso ardo
maníaca e lua

se até Saturno extrai
dos úmidos nortes
o soro das órbitas
quem será forte
a ponto de girar
intimidade em fúria?

e quando a lógica
das vantagens umedeceu
as relações
foi que tudo
mofou
ganiu a alma sob o líquen
e a réstia solar rogou

                        cura o podre
                        e a ambição

o olho
o estômago
de vidro
reascende o fruto
qualquer bruma que haja
em qualquer bicho
                        reaja

o tempo passa mais rápido para as pessoas altas
o cabelo das plantas acelera o vento do mundo
quando duas pessoas se amam e não se entendem
               [o congestionamento das montanhas se adensa
um alpinista pensa ser águia diante de um caminho sem volta
os cães e as flores sabem o que o asfalto sufoca
os violinistas das orquestras procuram seus motivos com frequência
o que seguram as mãos quentes de uma avó sozinha?
quantos chás ainda precisam inventar?
existe dor maior que despencar bruscamente de uma paixão?
o inferno dos budas é mais ameno que o céu dos capetas?

RES: HAMLET

Nunca ser o que se é
Mas se é caso dar-lhe fim
Na terra do mesmo jardim
Vida é húmus, morte ao tempo

Do desejo ao gelo, o elo
Carimbada aparição
Versa em medo, lastro cego
Longo o vácuo da prisão

Mas a bênção pede lado
Lembra quem se distraiu
No delírio reconhece
O instante em que caiu

fim da distopia
cada lasca, sombra a menos
deixo chover dentro

na coxia do éter, o índio
aguarda no ardente da faca
um antigo corcel estrelado
floresce nas crinas da noite

se é o cheiro do mel que não vejo
sob os dotes da tenda um só todo
nas mil pintas d'angola, confundo
se é permuta que pede quem sobe

remoinha no samba das saias
o alarido que aplaude a farinha
entre pés os tambores embanham
um leito de nós caprichosos

pousa em contas nas cores das ervas
o alado do ser jaz deitado
crê no corpo a palavra inútil
sem asas, e a pena emprestada

dias iguais a formigas
se arrastam em fila
por baixo
do chão

cachorros
dourados afrontam
a fria paleta
do parque às seis

o canto
picado das tantas
cigarras no oco
do espírito
amém

pai busca filho
correndo na ânsia
da busca perdida
de um pai

o tempo
caminha torcido
na hora vencida
de um quase verão

outono
desfeito em poesia
dissolve a matéria
dos dias iguais

CASE DE SUCESSO

a anti-poesia é o case
o case da anti-poesia ®

redondilha brand
feita pra postar

                              lídia luz ao som do herói

trocadilho esperto

                              espartano

não complica
foca no recall

                              sucumbe o que decompõe
                              maquia o que perece
                              o som do glitter
                              mascara o silêncio

follow up
pode publicar

ruína
estado natural
da visita
do humano
fantasmas tecendo
carbono diamante carbono

e assim

por diante

RAMOS

a mãe árvore regula
sol aos filhos

                        cinco por cento

para que pressa
não tenham
ramos de oitenta anos

                        acordam o chão

pés, que são

                        prumam firmeza

na hora do adeus
queda desfeita

em nome de ramos
seus filhos agora
ora prontos para o espicho

                        alongados sob a terra

adultos em seiva

                        tomam a forma que a alma já tem

dentro do alívio
isqueiro
dentro da asa
perdão
dentro da descarga
opção
dentro da cagada
discernimento
dentro da comida
terra
dentro do sol
portal
dentro da estrela
a torre
dentro do mago
o louco
dentro do limite
petróleo
dentro do respiro
sobriedade
dentro da estreia
merda
dentro da redonda
manta
dentro do ódio
medo
dentro da mentira
medo
dentro da corrupção
medo
dentro do medo
ilusão

rumam distantes
vacas malhadas
sardinhas
                      do morro

árvores incoerentes
desalinham o retume
rumo ao cume

                      da colina

Deus
não é
                      virginiano

pouco se compara à sorte
de pisar o chão vermelho
fria de sangue a água
escoa
na vida
na morte
no excesso dos dias

e nem fui à farmácia

na tarde de asfalto profundo
nas telhas entregues ao vento
sem calhas, previsto dilúvio
parte as estrelas e traz
latifúndio aos que apertam, esmagam, encharcam
farrapos e carnes embaixo
das dobras do roxo jornal

os ratos sem norte varejam
num flerte de sorte com pulga
saturado senhor, viaduto
as barbas tão gastas, e o trapo
deixado para trás vou de carro

atravesso, perco
fundida no som da estação
uma lua Rod Stewart
mendigo de televisão

o melhor do que há nos corrompe
sem folhas não há solidão

CALENDÁRIA

a lua desintegra a data
os meses desencaixam no céu
quem foi Gregório?
onde estão suas filhas?

precisamos rever o legado
precisamos depor este pai

afoito, o sax
ofusca da luz sua vida
jazz na despedida

antes da cidade
trigo
antes do beijo
clava
antes do voto
bomba
antes da bomba
não
antes da cobra
o cão
antes da memória
mantra
antes da ceia
janta
antes da mãe
mãe
antes do custo
valor
antes do vidro
mão
antes do lixo
excesso
antes da inveja
preguiça
antes de radio
kraft
antes de head
werk
antes do café
lençol
antes da culpa
sofá
antes do outro
dentro

SÍSIFO

Escalo as paredes
Do poço sem face
Tombar e tombar

Dos passos do dia
Avançam as ondas
Assombram os ciclos
Guardadas marés

As cores do charco
No chiste da fome
Perdem às asas

O sonho da pedra
Dum lado que alargo
A verve num laço
De soma na terra

A FELICIDADE
~~VEM~~ NASCEU
~~ANTES DO MOTIVO~~
~~SEM CAUSA~~
NA PAUSA

ninguém entende mais de efemeridade que a borboleta
a água não reclama do percalço que é descer
nem todo sulco é esforço

algumas estrelas são tão vagalumes
que ao pousarem na pia
entre a jarra de suco e o ramo de cominho
expandem os cantos da galáxia

o olhar infinito das caveiras
olhá-las de volta
infinita sina, a minha
dormir, sonhar
soa pouco
no pouco dos que foram
mas olham por mim

seja lá o que nos reserve o sonho
fabricado nas mentes
insanas unidas
teu corpo vermelho ainda avança e reina
silenciosas granadas
por teu socar-me certo e sábio
secam os dias que não passam
as semanas que sobram, meses
por mais que me alucinem
as horas verticais
de agora, sempre em retrospecto
repito, não sei
se aguardarei aqui

depois que o amor acabou
sobraram os anéis
vendi

caberá neste poema
antes mesmo de rasgado
ruína em estado de parto
a palavra colapsada
lentamente sobreposta (a outra)
hoje gestando
outro hoje

ÍNDICE DOS POEMAS

7   Há um limiar onde a prosa não se lança
8   um convite à espreita
9   e se dois pássaros
10 Pacífico sim
11 ˜/ vejo um porto e um homem
12 INSONETO
13 cheiro de quem não toca
14 por que mergulhar
15 CORE
16 penso
17 fiz enorme amiga
18 achei que eras salva-vidas e afundei
19 debate azul vidrada apaspalhada
20 seria arremedo
21 antes do xixi
22 ( ) / a mulher
23 LLTH
24 o metrô rasgou o quarto
25 MULHER DA MATA CAÇAMBA ARRASTA E DEIXA UM RASTRO...
26 I N T
27 areia e eu
28 tem a ver com essa fobia de revolver
29 menina do céu mataram
31 chá de erva-doce com mel
32 paira louco, perfura araucária
33 esfera eloquente
34 dentro do índio
35 ECLIPSE
36 e quando a lógica

37	*o tempo passa mais rápido para as pessoas altas*
38	RES: HAMLET
39	*fim da distopia*
40	*na coxia do éter, o índio*
41	*dias iguais a formigas*
42	CASE DE SUCESSO
43	*ruína*
44	RAMOS
45	*dentro do alívio*
46	*rumam distantes*
47	*pouco se compara à sorte*
48	*na tarde de asfalto profundo*
49	CALENDÁRIA
50	*afoito, o sax*
51	*antes da cidade*
52	SÍSIFO
53	A FELICIDADE
54	*ninguém entende mais de efemeridade que a borboleta*
55	*o olhar infinito das caveiras*
56	*seja lá o que nos reserve o sonho*
57	*depois que o amor acabou*
58	*caberá neste poema*

© 2020 Luisa Cretella Micheletti

Todos os direitos desta edição reservados à
Laranja Original Editora e Produtora Ltda.

www.laranjaoriginal.com.br

EDIÇÃO Guilherme Coube de Carvalho
REVISÃO E PUBLICAÇÃO Filipe Moreau
PROJETO GRÁFICO E CAPA Flávia Castanheira
PRODUÇÃO EXECUTIVA Gabriel Mayor
FOTO DA AUTORA Claus Lehmann

Dados Internacionais de Catalogação na Publicação (CIP)
(Câmara Brasileira do Livro, SP, Brasil)

Micheletti, Luisa Cretella
　　Dentro do outro / Luisa Cretella Micheletti
　　1ª ed.
　　São Paulo : Laranja Original, 2020
　　ISBN 978-85-92875-71-8

1. Poesia brasileira I. Título.
20-32940　　　　　　　　　　　CDD-B869.1

Índices para catálogo sistemático:
1. Poesia: Literatura brasileira B869.1
Iolanda Rodrigues Biode – Bibliotecária – CRB-8/10014

Esse livro foi impresso no outono de 2020,
em papel Polen bold 90 g/m²,
pela gráfica Forma Certa.